LÉMAN

CLAIR - OBSCUR

A ma mère,
qui aimait venir nous visiter
sur les rives du Léman

A. P.

LÉMAN

CLAIR - OBSCUR

TEXTE DE GEORGES HALDAS
PHOTOGRAPHIES D'ALBERT PHILIPPON
ENGLISH TEXT BY SALLY ALDERSON

Navigation heureuse

L'ENFANT REGARDE Tout commence, dans notre périple, par un débarcadère. Celui,
à Genève, des Eaux-Vives. Il y a une grande lumière. Qui,
dans la transparence, avec l'eau ne fait qu'un. Très lentement, et comme avec des
hésitations, le bateau se rapproche des pontons. Mais à moi, l'enfant, il me semble que
ce sont les pontons plutôt qui se rapprochent. Lesquels, curieusement, mais c'est ainsi,
m'ont toujours été sympathiques. Bien que je ne la voie pas, je sens que la Petite Mère
se tient derrière moi. Mais c'est à travers sa présence, ici, que je vais vivre, une à une,
les choses en train déjà de se produire. Et d'abord que le bateau, ayant passé devant les
bons vieux pontons, ralentit. Revient légèrement en arrière. Pour — comme un chien
qui avance de biais — venir s'appuyer contre les pontons; lesquels, sous la pression,
font entendre un craquement prolongé. Semblable un peu à un gémissement. Sur le
débarcadère, un vieux personnage à moustache — je l'attendais, me réjouissant de le
voir — en un geste sec et précis expédie le cordage, qu'il tenait jusque-là contre sa
poitrine, à un autre personnage sur notre bateau — uniforme bleu marine et casquette
— qui avec agilité, à son tour, l'attrape au vol. A moins que ce ne soit l'inverse: lui qui
lance le cordage et le vieil homme à moustache qui le saisit au passage. Ne sais plus.
Peu importe. Ce qui importe, en effet, dans la grande et douce lumière toujours, n'est
pas là. Mais dans le fait que les roues du bateau, au cours de la manœuvre, ont tourné
à plein régime. Et que l'eau, par elles violemment remuée — et voilà ce qui me mobilise
— de bleue qu'elle était, devient, dans une effervescence d'écume, d'un vert pâle. Une
tonalité qui me paraît étrange. Comme si l'eau, ainsi remuée, révélait, d'elle, soudain,
un autre aspect. Celui, quelque peu inquiétant, des profondeurs. Comme si, on dirait
aujourd'hui, son inconscient remontait à la surface. Mais moi, l'enfant, je n'en ai, bien
entendu, rien à faire de l'inconscient. Et tandis que l'eau se fait plus claire peu à peu,
en sa pâleur verte piquetée de bulles encore, je m'écrie: «Maman, maman, regarde la
limonade!» Mais les roues s'étant immobilisées, un silence tout à coup s'établit.
Profond. Que je perçois aujourd'hui encore, et qui me semble, à lui seul, contenir
cette époque. Et même tout un monde. Et puis, la limonade, à mes yeux, ayant
progressivement disparu, et l'eau retrouvé son calme, je relevais la tête. Et voyais

alors que la passerelle avait été jetée. Déjà les promeneurs s'y engageaient. Et, au-delà d'eux, sur la rive, on voyait les montagnes de Savoie avec, tout au fond, le Mont-Blanc. Il fait beau toujours. C'est l'été. Et je crois me rappeler — mais est-ce bien réel? — que notre bateau s'appelait: *Le Léman*. Tel est, en attendant, de ce lac, et sous le signe maternel, mon tout premier souvenir. Qui est en quelque sorte une cellule mère ou, comme j'ai pris l'habitude de le dire, une «granule énergétique». De la mémoire. Conservant intacte — je la revois encore — la grande lumière de ce jour-là. Le bleu des eaux et celui, plus léger, du ciel; la présence de la Petite Mère; et plus encore tout ce que j'ai à dire ici de ce lac. Qui est donc passé en moi. Où il vit dans une lumière désormais inaltérable. Tout comme d'ailleurs ce voyage qu'on appelait alors «Tour du petit Lac». Et qui va se poursuivre en moi à n'en plus finir. Dans la mesure où le temps, au sein de la granule énergétique de la mémoire, n'existe plus. Et où, comme on le voit, en l'occurrence, tout est présent.

tendres et appuyés pour le plus grand plaisir assurément des Dames dignement assises sur les bancs de ce pont supérieur. Les valses viennoises se mêlant à ravir au bleu du ciel, à la brise, aux reflets des eaux ainsi qu'à la rive, au loin, verdoyante, qui lentement défilait sous nos yeux. Cela aussi faisait partie de l'esprit du lac. Omniprésent, en cette heure, à toutes choses.

Et en particulier quand, revenu en courant également de la proue, je pénétrais à l'intérieur du bateau. Où régnait une odeur subtile: faite d'un mélange d'eau, de bois, de métal tiède, de cordages. Et d'huile surtout près de ce qu'on appelait, avec la Petite Mère, «la cage aux machines». Lesquelles aussi étaient porteuses, pour moi, d'un monde. Avec leurs bielles vigoureuses et luisantes, fonctionnant dans une chaleur enveloppante et douce, intime, contrastant avec la fraîcheur de l'air, à l'avant du bateau, que je venais de quitter. Toute mon attention étant concentrée, me rappelle, sur les petits godets remplis d'huile et sur leur position verticale toujours en dépit du mouvement régulier des bielles. Tandis que, du fond de ladite cage, un mécanicien levait parfois sur nous un regard mi-indifférent, mi-amusé. Son bleu de travail, soit dit en passant, légèrement délavé, témoignant néanmoins, en sa propreté, de son labeur et non d'un quelconque laisser-aller. Et cela aussi faisait partie de l'esprit du lac. Plus présent encore à l'intérieur qu'au dehors dans la pleine lumière. Ainsi y avait-il un lac du dehors, avec ses beautés; et un lac du dedans, plus secret en sa tiédeur, et qui nous faisait oublier, un instant, de par son intériorité, en quelque sorte fraternelle, les beautés extérieures.

Mais assez philosophé. Le lac incline plus à la rêverie qu'à la réflexion. Et en fait de rêverie, précisément, nulle n'égalait celle que suscitait en moi la vue du Salon-Restaurant où, à travers les fenêtres ouvertes, on apercevait, confortablement installés à leur table ornée de fleurs, et, avec un air légèrement compassé, des couples ou des familles de dîneurs. Qui, à mes yeux, comme les Dames du pont supérieur, faisaient figures d'élus. Dont je rêvais, me rappelle encore, d'être un jour à leur place. Et qui me donnaient en outre le sentiment de se laisser bercer, eux, leur repas et les vins accompagnant leur repas, tant par les valses viennoises leur arrivant par bouffées intermittentes que par la douce avance du bateau. Me faisant mieux sentir à quel point ce lieu privilégié était, pour nous autres, les voyageurs ordinaires, inaccessible.

LA PÊCHE MIRACULEUSE   Mais sous le signe de l'enfance toujours et de la présence maternelle, et plus en relation encore, s'il se peut, avec l'esprit du lac, ceci. Que tous les dimanches, à cette époque — l'ai-je assez dit déjà; mais dans la mémoire tout se répète, en même temps que tout se renouvelle; comme le soleil qui chaque jour se lève, et c'est pourtant chaque fois comme un nouveau jour — bref, tous les dimanches la Petite Mère me conduisait, en l'absence de mon père retourné en Grèce, au Musée d'Art et d'Histoire de cette ville. Et le rituel, pour nous, était chaque fois de nous arrêter devant le retable bien connu de Konrad Witz (XVe siècle): *La Pêche miraculeuse.* Et qu'est-ce qu'on y voyait? Sinon le personnage du Christ, à droite, considérant d'un air bienveillant, à la fois, et presque amusé la barque où ses compagnons, les disciples, prennent à plein filet des poissons. Toute la nuit ils avaient pêché sans avoir rien pris. Or, au matin, le Christ, qu'ils n'ont pas encore reconnu (c'était après la Résurrection), se tenant sur le rivage, leur dit, rappelez-vous: «Les enfants, vous n'avez pas de poisson?» Ils lui répondirent: «Non!» Il leur dit: «Jetez ce filet à droite du bateau et vous trouverez.» Ils le jetèrent donc et ils n'avaient plus la force de le tirer, tant il était plein de poissons.» Très exactement ce que représente l'œuvre du vénérable peintre. Et où est-ce que cela se passe? Sur les bords du lac de Tibériade? Oui et non. Oui, selon l'évangile de Jean. Non, dans le tableau de Konrad Witz. Qui, lui, situe où la scène? Nulle part ailleurs que sur notre lac, près de Genève, où l'on voit à l'arrière-plan le coteau de Cologny et, au-delà encore, tout au fond, le Môle et les Voirons. Déjà l'espace, ici, était aboli: le lac de Tibériade et celui qui nous est familier ne faisaient qu'un. Et le temps aussi était aboli. Puisque cela — cette pêche — qui avait eu lieu deux mille ans auparavant, était présent devant nous. Et en moi. Ainsi ce lac vivait d'une double vie: l'une, au-dehors, encore une fois, pour les yeux, comme toutes choses, en ce monde, qui passent; et l'autre, au-dedans, où les choses, au contraire, ne passent pas. Et est-ce un hasard si tout cela se produisait sous le signe de la Petite Mère? Non. Car féminine est la mémoire en son ouverture infinie, son accueil et sa réceptivité en vertu desquels elle enregistre tout, pour, un jour, nous le restituer. Le ressusciter. Les Grecs l'avaient bien compris, qui dans leur mythologie la représentaient sous les traits de Mnémosyne. Mère des Muses et en particulier de la parole poétique. Dont il serait trop long — mais combien suggestif — de parler ici.

PORT NOIR Mais le temps donc étant aboli, qui vois-je aujourd'hui, comme s'il vivait encore, marcher le long de ce même lac; et tel que je l'avais vu jadis, adolescent, de loin, sans qu'il s'en doute? Sinon celui que j'ai appelé et ne cesserai d'appeler «l'homme mon père». Qui était mort, le pauvre, persuadé d'avoir raté sa vie. Et tout au long de celle-ci avait été hanté par les grandes questions de la vie, de la mort et en particulier du sens de toutes choses. Il marchait donc, ce jour-là, le long du rivage en luttant, me rappelle, contre une forte bise. Comme on lutte contre un destin adverse. J'ai l'air, disant cela, de m'éloigner de notre ami le lac. Alors que c'est justement le contraire. La vue, en effet, de cet homme solitaire et tourmenté étant comme en accord avec le lac, certains jours, non plus paisible et lumineux, mais tourmenté lui aussi et sombre. Un lac d'arrière automne. Ciel bas. Grands mouvements de nuages. Vagues véhémentes — j'allais dire lancinantes — venant se briser sur les rochers. Non loin du lieu dit — et comme il portait bien son nom ce jour-là — «Port Noir». Comment dès lors pourrais-je, à la vue de cette silhouette au manteau noir — lui aussi — cheminant près du rivage battu par les flots, ne pas penser à Achille, le héros homérique, dont si souvent ce père, au temps de mon enfance déjà, en Grèce, m'avait parlé, l'admirant pour son courage, cette vertu à ses yeux essentielle pour un homme. Et que fait Achille, à un moment donné, chez Homère? Il marche lui aussi, furieux (on lui a enlevé sa compagne Briséis) le long d'une grève. Mais c'est au bord de la mer. Cette mer «au murmure innombrable», selon l'expression homérique que mon père aimait tant. Et me l'a fait à mon tour aimer. Or voici que par son intermédiaire, dans ma remémoration, un pont se trouve être, pour moi, jeté entre le lac, ici, et la mer en Grèce. Entre l'eau douce et l'eau salée. Opposées et complémentaires. Et me faisant voir, du même coup, aujourd'hui, qu'en sa douceur la Petite Mère c'était le lac; et l'homme mon père, en son angoisse, la mer tumultueuse. Les deux, en moi, depuis coexistant. Un double héritage.

PETIT ÉDEN Mais l'été de nouveau. Le matin. Lumière sur le lac. Avec l'ami de toujours, Frère Poisson (on ne sort pas de l'eau!). C'est le temps également de l'adolescence. On avait découvert, non loin de la ville, un minuscule établissement de bains. Quasi inconnu (c'était possible alors). Et auquel on avait accès par un portail à demi dissimulé par une haie. Quelques marches. Et sous les feuillages un vétuste baraquement de bois. Trois cabines aux portes branlants. Mais ce n'était rien cela. Ce qui comptait, pour nous, dans la pénombre, où l'air lui-même épousait la couleur verte légèrement de l'eau, c'était le petit escalier, de bois également, et dont les marches incertaines descendaient dans une eau dont le clapotis, au sein de cette solitude, avait quelque chose de confidentiel. Quel délice que cet avant-bain. Mais impossible ici de dire, à l'ombre des grands arbres et dans un état de fraîcheur édénique, le don, si j'ose dire, de ces matinées radieuses; notre liberté; le fait aussi que ce lieu était pour nous comme un domaine plus que privilégié: à nous seuls réservé. Cette eau enfin dans laquelle on allait entrer. D'une transparence, d'une limpidité, d'un accueil tels qu'aujourd'hui encore, après bien plus d'un demi-siècle, j'éprouve le tressaillement qui était le nôtre en ces instants. D'angoisse presque par excès de grâce. Oui. Trop beau. Trop frais. Trop pur. Que faire? Tandis que devant nous, sous le soleil matinal, le miroir du lac, immobile et cependant vivant, resplendissait dans un scintillement continu. Cette seule vue nous plongeant, me rappelle, dans un état d'admiration muette. Comme si nous étions les témoins, en cette heure, de la naissance du monde. Avec, au loin, dans les assises du beau temps, la rive opposée. Et au-dessus d'elle, voilées à peine, les montagnes toujours de Savoie. Cela et rien d'autre. Qui était tout.

Mais il y avait en l'occurrence, et s'il est possible, plus encore. Qui m'est, qu'on me pardonne, tout à fait personnel. A savoir que les marches de bois de notre mini-établissement balnéaire, ici, étaient, dans mon esprit, la parfaite réplique de ces autres marches, de bois également, d'un autre petit escalier menant dans une eau matinale, non moins transparente. Mais qui était, cette fois, la mer. Où cela donc? A Céphalonie bien sûr. Où donc j'ai vécu un temps, dans mon enfance, en compagnie de mon père. Cela dit, le petit établissement des bains, avec son escalier, se trouvait juste à la sortie d'Argostoli, la ville principale de l'île. Et où tous les matins je me rendais, non pas avec mon père, mais avec tante Emily, sa sœur. Qui présidait à mes premiers ébats dans l'eau. Ah que je le dise tout de suite: ce n'était plus du tout une tante Emily qui descendait avec moi les marches de l'escalier menant dans l'eau, mais bien une jeune Dame svelte, fine, hâlée, espiègle, aux jambes élancées, élégantes que je ne cessais

11

déjà, à la dérobée, de considérer. De même pour ses bras potelés à peine, et que je rêvais un jour de toucher. Bref, et pour employer une expression banale, mais qui en la circonstance traduit bien le sentiment de plénitude que j'éprouvais en ces lointaines — et toujours présentes — matinées: une véritable Naïade. Les Grecs, là non plus, ne s'étaient pas trompés, qui avaient fait naître Aphrodite, la déesse, de l'écume de la mer. Anadyomène! Inséparable étant chez eux en effet le couple Homme/Nature. Organiquement relié, chez eux encore, au couple Homme/Dieux. Comme, pour moi, une fois de plus, en l'occurrence, le lac ici et la mer là-bas.

AUTRES FÊTES Celles de certaines heures encore, liées à la présence du lac.
A l'esprit du lac. Et que je ne saurais donc passer sous silence. Celle-ci, entre autres. Printanière. La rade. A Genève. Temps de mars. Il a plu. Mais au cours de la matinée il a cessé de pleuvoir. Déjà un merle ici et là. Et le soleil est revenu. Sur les quais de jadis, pas encore encombrés, un petit gravier tout frais encore de la dernière ondée. Des barques renversées sur leur chevalet, et que de vieux loups, non de mer mais de ce lac, rafistolent, poncent ou peignent en fumant leur pipe. Cependant que le peintre B. — cheveux blancs, air bougon, et pas mal vantard — avec un talent, disons, limité, mais beaucoup d'amour, tente inlassablement de saisir tous les aspects de ce lac qui est un peu sa vie. Et qu'on voit précisément, en ces matins, au-delà des jetées passer d'un bleu tendre ou foncé à un gris perle, ce dernier le cédant, selon les heures, les jours, les saisons, à un vert un peu sourd, livide même parfois quand se met à souffler le foehn. Avec, au loin, une bande violette. Vers le haut lac. Cependant qu'on voit, sur les flancs du Jura, un peu de neige encore. Et voici que, des divers clochers et des tours de cette ville, dégringole le carillon des heures dont on dirait que l'eau de la rade amplifie en nous les vibrations. Nous faisant mieux sentir, à la fois, le temps qui passe et le bonheur de l'instant.

Mais je n'oublie pas non plus cette heure de fête encore. A midi, le dimanche. Eté toujours. Dans la brasserie dite de «La Bavaria». Rappel germanique; plus précisément encore: munichois. Et quelles belles tables de bois. Lisses. D'un brun sombre. A la Rembrandt. Avec en priorité, à la Carte, une «goulasch» à rendre jaloux les Hongrois

12

eux-mêmes. Mais là n'est pas la question. Elle est que, même le dimanche, ouverte était ladite Brasserie — et pointe, ici, la nostalgie qui rend plus belles et pénétrantes les choses révolues; car on l'a deviné déjà, il y a belle lurette que cette «Bavaria» a disparu — le dimanche donc, installé près de la grande baie ouverte elle aussi par les beaux jours, on apercevait, porté par la saveur de la «goulasch», et entre deux gorgées d'un Volnay de haut vol ou d'une bière Pilsen, le Jardin anglais. Son kiosque à musique 1900, et, entre les grands arbres, ces taches d'un bleu pâle, aérien, rêveur, qui étaient le lac. Le commencement du lac dans la rade et, par-delà les jetées, une échappée vers ce haut Lac qui prolongeait notre rêverie. Et que je ne pouvais regarder, me rappelle, sans penser à cet admirable tableau de Seurat: *La Grande Jatte*. Avec la Seine — ce devait être un dimanche aussi et l'été — entrevue parmi les arbres, et ses baigneurs, sur la rive, assis ou étendus et d'autres dans l'eau, sous une lumière égale. L'ensemble étant comme la quintessence de ces instants de bonheur qui semblent, eux non plus, ne jamais devoir finir. Alors que fugitifs ils sont, et par là même déchirants de l'être. Et du coup ravivant en nous, particules finies, une aspiration à cette éternité vivante qui est, en fait, notre patrie première.

Et puis, cette heure que j'allais dire privilégiée entre toutes. Mais non. Car chacune l'est à sa manière. Ainsi, quand après une nuit d'errance et de solides libations dans le quartier chaud des Pâquis d'autrefois, populaire et bon enfant — où ces Dames de la nuit, avant de se mettre au travail, allaient, comme de paisibles ménagères, faire leurs emplettes, en devisant, chez le boucher, l'épicier du coin ou le marchand de graines (pour leurs perruches ou leur canari) — quand donc, après des stations de toute sorte, on émergeait du dédale des petites rues, à l'aube, sur les quais, quel accueil que celui de ce lac devant nous, étale, avec ses reflets d'or mêlé de rose. Et à la vue duquel on ne pouvait pas ne pas s'arrêter quelques instants vers le débarcadère. Pour y recevoir, en cette heure, comme une rosée lustrale et purificatrice après les turpitudes nocturnes. Tandis que nonchalants, sous nos yeux, un couple de cygnes lentement se dirigeaient du côté des bateaux amarrés et qui semblaient plongés dans le sommeil encore. Un peintre, une fois de plus, a dit mieux que quiconque tout cela. Dans une toile. Peu avant sa mort: Hodler. Tout y est. Dans un total et pathétique dépouillement. Une ligne d'eau pâle. Une autre plus sombre: la rive en face. Et encore et toujours, au-dessus de

celle-ci, les montagnes de Savoie. Plus rien de pittoresque ici ou de local. Tout est
ramené à l'essentiel. Et c'était cela, pour nous, près du lac à l'aube, suivie de l'aurore.
Comme une prière muette. Sur quoi, on rentrait pour aller dormir. Essayer de dormir.
Ou pour reprendre le travail sans avoir fermé l'œil.

FLORILÈGE DES HEURES Reste que j'aurais bien aimé constituer ici une sorte de
                                    florilège de toutes les heures inspirées par la présence du
lac. Dans leur infinie variété. Mais la place me fait défaut. Il n'y faudrait en effet pas
moins qu'un livre. Et encore. Qu'il me soit donc permis de n'en retenir que quelques-
unes. A commencer par celle qu'on vit en effectuant le trajet, en train, de Genève à
Lausanne. Ou inversement. Au cours duquel on aperçoit, par la fenêtre, des champs de
blé, de colza, et de calmes verdures alternant avec une parcelle ici et là de bleu, selon
les jours, ou de gris et même, la neige venue, un gris plombé. Mais je n'ai jamais pu,
dans ce même train, à l'aller comme au retour, dépasser la petite gare de Nyon sans
lever la tête, chaque fois, pour jeter un coup d'œil sur le profil du Jura, qu'un ami
espagnol à moi, qui avait fait la guerre civile (côté républicain bien sûr!), se plaisait à
comparer, dans son exil, et non sans nostalgie, à la Sierra Nevada. Et où, moi encore
enfant — on y revient toujours! — et mon père on allait, à pied, au sommet dit de la
Dôle. Mais ce qui comptait avant tout, en ce qui me concerne, dans cette randonnée
— devenue indélébile en ma mémoire — c'est l'heure à laquelle, par une belle soirée

Et que dire de ces petits ports, le long de la Côte: leur quai; leurs platanes; leurs barques et leurs voiliers sagement amarrés; leurs terrasses de café. Une douceur lémanique, ici, insinuante. Sournoise même. Et lénifiante. En ce qu'elle engendre une certaine torpeur confinant à la somnolence. Et même un état d'hébétude au sein duquel — les petits verres de blanc aidant — on est comme insensiblement coupé du reste du monde. Adieu misère. Adieu massacres. Adieu même catastrophes naturelles. Comme on est bien dans ce petit pays protégé. Un degré encore et c'est l'inévitable: «Vive nous». Tout cela, et bien d'autres choses, qu'à elle seule résume, avec le joli accent vaudois que l'on sait, une expression ici familière: «Notre beau Lémain»! Et passe au large, en sa blancheur immaculée, le bateau baptisé *Helvétie*.

Dieu merci il y a, en revanche, cette heure quasi solennelle, le soir, au bout du lac. Quand, venant de Berne ou d'ailleurs, en train, au sortir du tunnel, au haut de la Corniche, on découvre tout à coup, avec chaque fois un petit coup au cœur, ce paysage qui pourrait faire au premier abord carte postale. Et ne le fait nullement. Soleil à l'horizon. Où à travers une buée rose tout est majesté et grâce. Avec une pointe de mélancolie dans la rive, à vos pieds, témoin silencieux, et comme recueilli, de cette heure. Où le lac, ouvert au couchant, a un air, soudain, de grandeur. Trouvant confirmation dans la présence, à l'arrière-plan, de ce massif montagneux appelé Gramont (contre lequel, pendant la guerre, un bombardier américain était venu, par une nuit plus que noire, percuter; et l'explosion avait fait comme sursauter tout le pays). Et tandis que le train, en descendant toujours, s'approche de la rive, apparaissent, avec leurs étages bien structurés, les vignobles du Lavaux. A la vue desquels on ne peut pas ne pas avoir, j'allais dire, une pensée pour C. F. Ramuz. Mais non, pas besoin d'y penser. Car il est là. Partout. Un écrivain digne de ce nom, en effet, qui a su dire l'Homme à travers la terre qui est la sienne et ceux qui y vivent, cet écrivain-là, par ce qu'il a exprimé d'essentiel, concernant la vie de chacun, et dans le quotidien, est sans cesse présent. Et qui, mieux que l'auteur d'*Aline*, avec son œil d'épervier, a capté les moindres nuances de ce lac. Et, soit dit en passant, quoi de plus beau, la nuit venue, que cette Riviera, vue de haut toujours, avec son collier de lumières enserrant le lac, ombre dans l'ombre, et qui n'en est, une fois encore, que plus présent.

Mais à partir d'ici, pour notre florilège des heures, il me faut, hélas, précipiter la cadence. Et rappeler celle encore, à Montreux, où en compagnie de cet autre ami, mort depuis, et qui, enfant de ce pays, l'aimait et le défendait bec et ongles contre les toujours voraces promoteurs. Nous avions marché en longeant les quais sous une pluie battante. Croisant à un moment donné — une véritable apparition — le peintre Kokoschka, aux côtés d'une Dame. Montreux, avec son côté fin XIXe. Ses palaces vides, durant la mauvaise saison, ou alors comme peuplés par les fantômes des touristes anglais de jadis. Et le lac, ce jour-là, dans le brouillard, quasi invisible. Mais par cela même, singulièrement présent toujours en son tumulte silencieux. Comme quelqu'un qui remâche sa peine. Cachées les montagnes. Voilées les rives. Un pays, on aurait dit, de nulle part. Où on éprouvait néanmoins, comme par réaction, un besoin fou de vivre. Timides cris de foulques. Mouettes. Entrechoquement de barques. La tête, chacun de nous, pleine d'idées folles et de projets. Et tout en cheminant en direction de Villeneuve j'avais eu le sentiment, me rappelle, qu'un jour il me faudrait — pourquoi? Je n'en savais rien alors — me rendre à l'extrémité du lac. Que je n'avais jamais eu l'occasion de voir. Mais dont souvent on m'avait parlé.

UN AIR DE LÉGENDE   Pourquoi en effet suis-je resté si longtemps sans m'y rendre? Je ne l'ai jamais bien su. Aujourd'hui, je crois le savoir. Après ce qui s'est passé il n'y a pas longtemps. Autant en effet j'en avais été empêché jusque-là, c'est librement que j'ai dit un beau matin à Petite Pomme, secrète inspiratrice en toutes choses: «Il faut absolument que nous allions ces jours-ci faire un saut au Bouveret.» Dont une obscure intuition me laissait entendre que, touchant ce lac, et ce que j'aurais à en dire ici, la chose s'imposait. Et c'est ainsi que, par une superbe matinée d'octobre, nous nous sommes mis en route. Longeant la rive à notre tour, en passant par Villeneuve, pour arriver au Bouveret. Lieu pressenti de la révélation. Garée la voiture, j'ai senti, dès les premiers pas, que nous étions entrés dans la légende, si j'ose dire, plus réelle que ce qu'on appelle réalité. Et d'abord, et avant tout, une lumière légèrement vaporeuse, d'une rayonnance exceptionnelle et d'une légèreté qui, en les enveloppant, transfigurait toutes choses. Mais qu'il nous faut ici, pour en bien saisir le miracle, présenter une à une.

17

D'abord la petite gare qui, déserte en cette heure avec ses piliers de bois et sa voie ferrée, pas moins déserte elle aussi et comme abandonnée, n'était pas sans rappeler certaines peintures de Delvaux. Dont l'une représente une gare esseulée également, mais dans une sorte d'irréalité pareille à celle de la petite station qu'on venait de longer. Et où on avait l'impression que nul train, plus jamais, ne viendrait ni ne partirait. Quelque chose comme un voyage suspendu. Et puis, tout proche, touché par la lumière qui se faisait, l'heure avançant, plus magiquement belle, le débarcadère. Avec son arche d'entrée sous laquelle on apercevait, mais sans rien distinguer, un espace d'un bleu ineffable en sa délicatesse. Dont on savait que c'était le lac ou plutôt, cette fois encore, l'esprit du lac. Et en passant sous une arche, l'arrivée sur le môle menant au débarcadère. Dont les pontons peints en blanc conféraient à cet instant et à ces lieux un air de fête. Mais une fête intime, inattendue, et qui nous laissait quasiment interdits. Comme si on se trouvait entre ciel et terre. Tandis qu'un écriteau en forme d'arc, au-dessus de nos têtes, venait, avec une douce ironie, mais bienveillante, nous saluer, à la fois, et prendre congé: «Bienvenue et à bientôt». Pas par hasard cet écriteau! Mais toujours dans cet état de légende, si j'ose dire encore, le commencement de cette révélation dont nous venons de parler. Par rapport à ces lieux. Et à ce lac que, dans la buée heureuse de cette matinée, on n'apercevait même pas. Mais pour bien rendre compte de ce phénomène et de ses effets sur notre perception des choses, il nous faut, si on nous le permet, et pour être fidèle ici à la réalité vécue, faire un petit détour.

Je veux dire que l'heure de midi étant passée — et ce qui ajoutait à la plénitude étrange de ces instants était que, sauf un type, flânant sur le débarcadère, et un autre, passant à vélo devant la vieille gare, il n'y avait personne; plus un seul touriste — la lumière, on aurait dit, se sentait plus libre encore pour imprégner, en l'épousant, l'espace. Mais comment dans cet état de légende, encore une fois, se mêlant à la réalité quotidienne, résister à l'appel de l'un des restaurants situés derrière la gare? Où, sans le savoir, mais le pressentant également, on allait retrouver, dans sa fluidité même, l'esprit du lac. Et l'aura du beau temps. Jusque dans les filets de perches; dans le petit blanc de la région; et même dans l'amabilité de la Serveuse. Et quand nous sommes sortis, présent toujours était l'esprit du lac jusque dans les wagons rouges, pareils un peu à des jouets d'enfants, et immobilisés, non loin de la gare, du train portant le nom de pas moins que «trans-chablaisien»! Et puis, retour sur le débarcadère. Où tout ce qui compte, ici, pour nous, a continué. Que devant ce lac, invisible toujours dans le bleu inconditionnel unissant l'air et l'eau, j'ai senti se lever, comme rassemblées en un faisceau psychique — en fait, notre florilège! — toutes les heures vécues près du lac ou loin de lui, mais animées par lui. Et que brièvement je voudrais évoquer ici sous le signe des minutes plus qu'heureuses de cette surprenante matinée d'octobre. Mais en notant juste, auparavant, ceci: qu'en nous éloignant du débarcadère, nous nous sommes dirigés vers le lieu même où le Rhône vient, non pas se jeter, selon l'expression courante, dans les eaux du lac, mais doucement se fondre en elles. Et plus encore, mais patience. Car en chemin, devant des barques amarrées côte à côte, qu'ai-je vu, sur un écriteau encore? En capitales, bleu sur blanc: «Location et Navigation». Et, juste en dessous, en minuscules: «Lac et Mer». Rien que ces deux mots. Mais qui à eux seuls synthétisaient tout ce que nous avons dit déjà de la relation de l'un à l'autre. De l'eau douce et de l'eau salée. A quoi je ne peux pas en outre ne pas relier l'océan. Car les eaux, dans les différentes parties du monde, elles aussi ne font qu'un. Participant de cette eau primordiale dont Pindare (Ve siècle avant J.-C.) disait déjà qu'elle est «le premier des biens». Et j'aimerais rappeler, plus près de nous, le propos de Maurice Zundel, selon qui «l'eau est une créature». Je le crois aussi. Mais François d'Assise, dans son *Cantique*, disait-il autre chose en invoquant «notre sœur l'eau»? Et n'est-ce pas, d'autre part, sur l'eau que l'Esprit a soufflé, et où a germé la vie? Et je pensais encore, devant l'écriteau en question, que si l'océan et la mer font rêver d'infini, le lac — et celui en particulier qui nous est proche ici — reflétant les montagnes et les rives, le ciel et les nuages, c'est l'infini dans le fini. Miroir de notre condition. D'où le bonheur intime qu'on éprouve en sa présence. Jamais plus sensible qu'en ce petit port, où l'on voyait s'ébattre, dans la sérénité lumineuse de cette heure, foulques et canards et ces petits personnages ailés qui ont nom: fuligules morillons, grèbes huppées. Bien d'autres encore. Cependant que non loin de là — nous y revenons — on peut voir, du haut d'une passerelle, le Rhône, non pas, effectivement, se jeter dans le lac. Ou s'y joindre. Mais y mourir plutôt pour — et en douceur — à Genève ressusciter.

L'ÉMOTION DU RETOUR   Mais de ce florilège que je n'ai pu ici qu'esquisser, je détache, en signe d'adieu, à la fois, et de salutation, quelques heures encore. Celles, entre autres, de la rive française de ce lac. Plus déserte, par endroits, et sauvage, plus méditative aussi que la côte suisse avec ses villas, ses tennis, ses tondeuses à gazon. Bref, plus cossue. Heures vécues dans les lointaines années de la jeunesse, durant une semaine, à Yvoire, me rappelle. En plein hiver. Immobilité. Brouillard. Cri des mouettes. Hôtel aux chambres vides. Glaciales. Débarcadère fantôme. Et quel silence, par moments, dans le gel. Quelle solitude pour revenir à soi-même. Mais quelle présence, en même temps, du lac en cette grisaille. Figée. Où il semble que tout vit, au fond de nous, au ralenti. Et où on sent néanmoins que quelque chose secrètement se prépare. Le printemps. La fécondité. Et puis, heures où on revient, en avion, des quatre coins du monde, et on aperçoit soudain par le hublot, entre deux bancs de nuages, tout en bas, cette tache grisâtre et sa fine courbure. Qui font que spontanément on se dit à soi-même ou alors devant nos proches on s'exclame: «Le lac.» Heures encore où, dans l'étroite chambre où je logeais, en tant que précepteur, jadis sous le toit d'une grande maison de campagne, et dans laquelle, en ouvrant la fenêtre le matin, de bonne heure, je voyais, au-delà de la pelouse en pente et d'un rideau d'arbres en contrebas, ce même lac immobile et fidèle. Avec la rive en face et, bien sûr, les montagnes de Savoie. A la vue desquelles, chaque fois, je me disais: «Là-bas, en France, c'est la guerre. Ici, en Suisse, la tranquillité.» Et, entre nous, le lac. Comme vivant d'une autre vie. Sa vie à lui. Tout cela donc qui me revenait en mémoire durant cette matinée sans pareille passée au Bouveret. Me rendant plus présent que jamais le lac. Avec, perceptibles au loin, sur la rive, les échos de cette vie de tous les jours — un chien qui aboie; la demie, à un clocher, qui sonne; un klaxon, assourdi — toutes choses infimes, précaires, essentielles qui faisaient dire à Bernanos cela que je ne cesse, aujourd'hui encore, de me répéter: «J'ai aimé le doux royaume de la terre, plus que je n'ai jamais osé le dire.» Moi aussi.

Avec le lac en plus.

Georges Haldas

Un paradis parfois insoupçonné: le Léman.
The Léman: an unsuspected paradise.

Insouciants sous les menaces du ciel, les plaisanciers.

Le Creux-de-Genthod...

... un petit port familial.
a little local port.

Sur ces rives bénies des dieux se sont érigées de belles demeures.
Elegant dwellings grace shores blessed of the gods.

Creux-de-Genthod: la maison de Saussure, splendide villa patricienne construite en 1730.
Creux-de-Genthod: the splendidly patrician de Saussure mansion, built in 1730.

Çà et là subsistent les rêves du passé: les bains Astor (1815) à Genthod.
Here and there past relics survive—the Astor baths at Genthod.

Délicat et nostalgique, un petit pavillon de la côte vaudoise.
A dainty little pavilion, nostalgic on the Vaudois coast.

Un survivant de la Belle Epoque?
A survivor of the belle époque?

Rencontre de l'eau, du ciel et de la terre.
Where water, earth and sky all merge.

Coppet: Imagerie populaire du Léman réservée aux cartes postales.
Coppet: Popular postcard image of the lake.

Château de Mme de Staël à Coppet:
Qui dira les secrets que gardent ces parois,
Les hontes, les amours, les grandeurs d'autrefois?

Chateau of Madame de Staël in Coppet:
Who can tell what secrets these walls hold,
What shame, what loves, what greatness of past times?

Le vengeron est un beau poisson, même s'il n'est pas très comestible.
The vengeron *is a fine fish, but inedible.*

Clair-obscur lémanique.
Léman chiaroscuro.

Nyon, autrefois romaine, aujourd'hui riveraine du «petit lac» admirablement conservée.
Nyon, once a Roman equestrian colony, now just a little town on the edge of an admirably preserved petit lac.

Une vision lunaire qui vous glace les os.
A lunar vision to chill the bones.

Des voiliers de plaisance peu habitués à de tels atours.
Sailboats in unaccustomed costume.

A travers les sous-bois, d'aimables ruisseaux s'en vont vers le lac.
Tranquil streams meander through the undergrowth towards the lake.

Le Château de Promenthoux (vers 1900), unique sur les bords du Léman.
The Château de Promenthoux, built at the turn of the century in unique position on the shore.

La plage de La Lignière à Gland, inchangée depuis plus d'un siècle, à présent menacée.
La Lignière beach at Gland, unchanged for over a hundred years, now under threat.

Rivages de rêve qui ont retenu plus d'un visiteur.
Invitation to linger in a sublime lakeside landscape.

La Villa Prangins (1862), demeure impériale de Jérôme Napoléon, devenue club de golf... impérial.

The Villa Prangins, built in 1862, once the imperial dwelling of Jérôme Napoléon, now... an Imperial Golf Club.

Vaste domaine à Bursinel, la solitaire villa de Choisi (1828) où séjourna Churchill.
The Villa de Choisi (1828), where Winston Churchill once stayed, stands solitary in its vast estate at Bursinel.

Gardien statufié de la Villa de Choisi.
Stone guardian of the Villa de Choisi.

Près de Rolle, le Petit Fleur-d'Eau, ravissant pavillon nautique datant de 1831 et bien agrandi depuis.

The Petit Fleur-d'Eau, a delightful little boathouse dating from 1831—now much enlarged.

Tombent les feuilles, et les bateaux entrent en sommeil.
When leaves begin to fall, boats go into hibernation.

Près d'Allaman: La Gordanne, villa gréco-romaine du début du XIXᵉ siècle.
Near Allaman: La Gordanne, an early nineteenth-century villa in Graeco-Roman style.

Saint-Prex: rêveries d'une promeneuse solitaire.
Saint-Prex: reflections of a solitary stroller.

Le port privilégié du Club Nautique de Morges.
The port of the exclusive Morges Yacht Club.

L'espace où le temps s'oublie.
A space in which time stands still.

Clartés dans l'orage.
Light breaks through storm clouds.

Lausanne, vieille riveraine bien malmenée par ses urbanistes.
Lausanne: an ancient lakeside resident betrayed by town planners.

Ouchy: la «Vierge du lac» de Vincenzo, peu frileuse.
Ouchy: the "Virgin of the lake," by Vincenzo, never feels the cold.

Ouchy: symphonie de couleurs.
Ouchy: symphony of colours.

Le rendez-vous des cygnes.
Swans get together.

Les eaux de l'Eden retrouvé.
A watery Eden rediscovered.

Trois petits hommes dans un bateau.
Three little men in a boat.

Le grand départ du Bol d'Or.
Start of the great Bol d'Or race.

Des moments inoubliables.

A Lutry, quand la tempête fait le ménage.
A storm at Lutry whirlwind / spring clean.

Un paysage qui doit beaucoup au petit kiosque.
A little gazebo surveys the scene.

81

Le vent et les eaux: la dispute se prépare.
Wind and water prepare for battle.

Fantasques, les humeurs du lac.
Rising moisture assumes fanciful forms.

Quand le lac...
When the lake...

Cully: Le matin des mouettes...
Cully: Gulls gather at daybreak...

... avant leur envol.
... preparing for take-off.

Apollon descend dans les eaux.
Apollo descends upon the waters.

Un village incontournable: Saint-Saphorin, cher à Gilles

La Riviera, près de Montreux.

Au pays de Ramuz, le Lavaux.
Le Lavaux: home of author C. F. Ramuz.

Est-il besoin de le nommer, lui qui aima tant ces rives?

Vevey: le Musée de l'Alimentation n'est pas loin.
Vevey: the Musée de l'Alimentation must be nearby.

Vevey: la tempête apaisée.
Vevey: calm after the storm.

Quand la Veveyse épouse le lac.
Where the Veveyse becomes one with the lake.

L'heure contemplative.
A time to contemplate.

... et ne se ressemblent pas.
but no two are the same.

Le Château de Chillon, visité par tous.
The much visited Château de Chillon.

Quand le dieu Soleil...
When the sun god...

Magie du bout du lac.
Magic at lake's end.

111

A la recherche du temps passé et qui ne reviendra plus.
In pursuit of times past, never to return.

Page 114: Les Thermes à Evian, une eau universelle.
Page 114: Thermal baths at Evian: sharing the waters.

Le temple-mémorial de la poétesse Anna de Noailles, érigé dans le style Louis XVII (?).
Memorial to the poetess Anna de Noailles, built in so-called Louis XVII style.

Le coin paisible des pêcheurs dans le port de Rives à Thonon.
Fishing-boats in a quiet corner of Rives Port in Thonon.

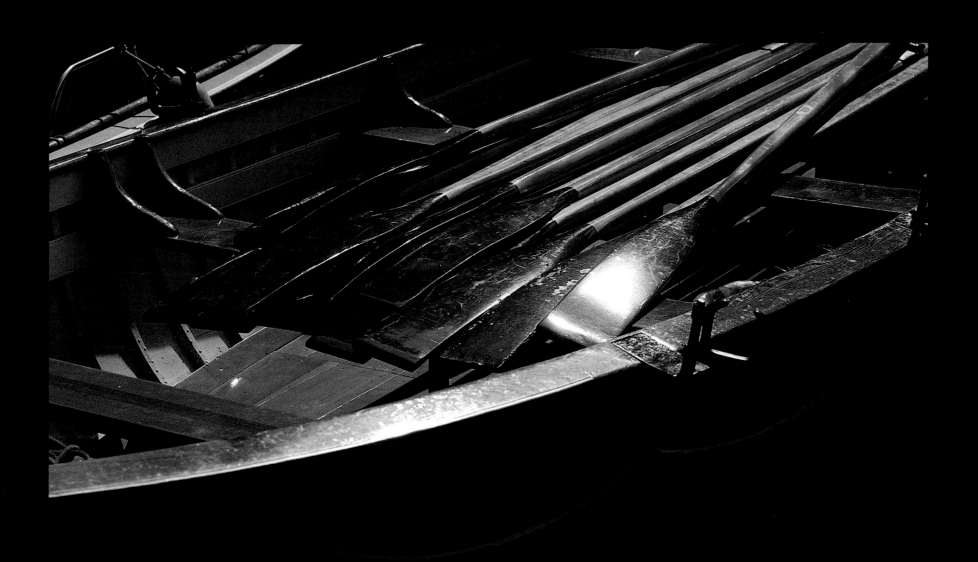

Traditionnelle barque d'entraînement des sauveteurs d'Yvoire.
An old-fashioned training lifeboat at Yvoire.

Harmonie de l'eau et des verdures.
Water and greenery in harmony.

... Et une vue en prime sur la Dent-d'Oche.
... with the bonus of a view of the Dent-d'Oche.

Toutes les beautés naturelles...
All the natural beauty...

... de la côte française.
... of the French shoreline.

Un tel plaisir d'être là qu'attraper un poisson devient superflu.

Au bout du lac, une métropole.
Metropolis at the end of the lake.

Genève: résurrection du Rhône, en marche vers la mer.
Geneva: resurrection of the Rhône on its way to the sea.

Sous un dais de nuages et le regard du Mont-Blanc, le Léman s'est endormi.
Ne le réveillez pas!

With Mont Blanc standing guard, the Léman slumbers under a canopy of cloud.
Let it sleep on undisturbed.

Reflections on Lake Léman

I push open the shutters. The window frames today's tableau, different from yesterday's, different from tomorrow's, never the same. Today the lake is fragile and clear, reflecting faint sunbeams struggling through cloud over the Jura. Such might have been Lord Byron's view from his window in the Villa Diodati, not more than a few hundred metres from where I stand:

Lake Léman woos me with its crystal face,
The mirror where the stars and mountains view
The stillness as of their aspect in each trace
Its clear depths yields of their far heights and hue...

This same clear stillness appears in the fifteenth-century painting by Konrad Witz, hanging in Geneva's Musée d'Art et d'Histoire, of La Pêche miraculeuse, *in which the Sea of Galilee has been miraculously transformed into the Léman. A red-robed Jesus is walking on the water—water so translucent that we can see the disciple Peter's legs below the surface as he sinks, stretching out his arms in fear to his Master, as his faith that he too can walk on water begins to falter. His companions seem singularly unconcerned, as they pull in vast quantities of fish crowded on the right side of the boat. The green slopes of Cologny, with Byron's future lodging as yet unbuilt, rise behind, with Mont Blanc glistening white in the distance and a single cloud atop the pointed Môle like a halo.*

Today, as I look from Cologny across the lake, a pale chateau stands out, ethereal in the early morning rays, against the dark barrier of the Jura. And just audible in the distance is the hum of Geneva waking up and going about its business, people hurrying over the bridges to work with scarcely a glance at the water beneath or the mountains around.

The inhabitants have appropriated the lake as their own, even persuading everyone else to call it Lake Geneva. Certainly downtown it seems to be part of the city, the centre but also the dividing line, reflecting glass and concrete, or solid old buildings adorned with lacy balconies. Mouettes zigzag from one bank to the other as dark-suited men, clutching briefcases, walk briskly along the quays, skirting groups of sauntering visitors. Children feed the ducks and bobbing moorhens, while gulls wheel screaming overhead. Occasionally a swan, looking for all the world like a black-stockinged ballerina, emerges from the water to assert its priority over the mêlée.

But there are other days when the bise takes over, blowing with such force that the city is effectively cut in two. Gone are the saunterers and strollers. Instead, pedestrians struggle across the Mont-Blanc Bridge, leaning sideways against the wind as it sweeps straight down the length of the lake. Flagpoles clatter and waves dash angrily against confining walls, sending sprays of foam over the top. In winter the spray freezes solid, shrouding railings, lakeside benches, bushes and trees in ice, sculpting everything it covers into fantastic forms. Even in summer the cold can be penetrating, with the wind thrumming through the riggings of boats as they slap against their moorings.

As suddenly as the bise arises, so it drops. With the night comes stillness, with an eerie sense of foreboding and mystery. Mary Godwin, mistress and soon-to-be wife of the poet Percy Bysshe Shelley, felt it as she lay sleepless in that same house overlooking the lake where Byron had joined them. It had proved to be a "wet, ungenial summer," and Mary's fevered mind was conjuring up a subject for the ghost story Byron had challenged them all to write. How would it be, she wondered, if an experimenting man of science were able to bring life to a body cobbled together from dismembered corpses, in a horrible travesty of the Creator's work? She so terrified herself that night that she had to open her eyes wide, as she wrote later, wishing "to exchange the ghastly image of my fancy for the realities around. I see them still; the very room, the dark parquet, the closed shutters, with the moonlight struggling through, and the sense I had that the glassy lake and white high Alps were beyond." In the resulting story of Frankenstein, or the Modern Prometheus, her hero declares: "I was often tempted to plunge into the silent lake, that the waters might close over my calamities forever." Yet he also found peace in its contemplation: "...the waters were placid; all around was calm, and the snowy mountains, the 'palaces of nature,' were not changed. By degrees the calm and heavenly scene restored me."

Another era now, a promising June day. Passengers are queuing to board an old-fashioned paddle steamer as it rocks gently against the pier. Chattering children break from their disciplined crocodile to swarm aboard, wearing sunhats and carrying backpacks bulging with picnics and sun cream, sweaters and rain jackets. Their excitement is infectious enough to bring an indulgent smile to even the most tight-lipped. The siren lets out a deep blast. We're off!

The steamer glides past imposing mansions on the edge of town—"feet in the water" as the estate agents love to describe them. The formal clipped topiary and close-shaven lawns make it hard to imagine any of the occupants paddling barefoot at the bottom of their gardens. Voyeurs all, we feel entitled to stare for a few minutes into the privacy of this other world. But the little houses clustering next to the port at Coppet are the ones to inspire real envy—cosy and snug, with old stone walls covered with roses and trees planted long ago shading garden tables and chairs. Toys lie scattered around on the grass and a dog barks, satisfied that he has done his duty as the paddles churn the water to a froth and the steamer accelerates away. Behind and above the port stands the Château de Coppet, witness to the influence and power of the eighteenth-century Swiss banker, Jacques Necker, who managed the affairs of the French court with such style and success. After that court disappeared in France's Revolution, the chateau became the setting for the salons held by his literary lioness of a daughter, Germaine de Staël.

The next port of call is Nyon, where the castle looms foursquare above on the hill, a medieval reminder that this was once an important town. Even more important when it was the Roman civitas of Noviodunum, a strategic point chosen by Julius Caesar as an equestrian colony, from where couriers set off to criss-cross the whole of Helvetia. Now, with its esplanade under knobbly plane trees, it has become a pleasant place in which to wander and gaze across the widening lake. From here, Switzerland can contemplate its neighbour, France, across "that invisible line," as C. F. Ramuz describes it in La Suisse romande, "drawn somewhere down the middle of the lake, no one knows exactly where, that frontier which separates us, while the water, smooth and wide as a public forum, invites all who live around its shores to assemble together." Instead, he laments, the lake is deserted, except for occasional pleasure craft, and "all human activity has retreated to its banks, which no longer look toward each other."

Imagine for a moment that other lake: the working lake of the Middle Ages, as navatiers transported timber, wine, cheeses, salt and grain from one shore to another, supplying markets in Geneva and Lausanne and châtelains of the great

135

estates bordering the water. In later centuries, even up until the beginning of our own, Léman barges were a familiar sight with their wide flat bottoms and distinctive angled sails. Workhorses then, transporting all types of merchandise, but particularly granite, timber and other heavy materials, their number has dwindled to two—one in Geneva, one in Ouchy—and their duties to providing an unusual setting for receptions and cocktail parties.

The Léman has always been at the crossing point of two established trade routes: from Italy via the great mountain passes to the Rhine Valley in the north, and from the eastern cities of the Holy Roman Empire to Lyons, Burgundy and Paris in the west. Our modern highways follow more or less the same lines as those early merchant routes as they funnelled into an ever richer Geneva, bringing Indian spices and Chinese silks, or furs, tools, precious metals, wines and exotic fruits.

No wonder the dukes of Savoy cast covetous eyes on such a prize. Duke Charles II tried unsuccessfully to blockade Geneva's port in 1535, and a year later a Geneva fleet retaliated by pursuing a Savoy galley as far as the Château de Chillon, triumphantly rescuing the captive François Bonivard, later immortalised by Byron as The Prisoner of Chillon. Skirmishes and blockades continued to stir up the waters of the Léman as troops from Geneva and Berne laid siege from the lake to the Savoy chateaux of Thonon and La Ripaille.

As the steamer cruises along its prescribed course, keeping its timetable to the dot, emitting hoots of warning at a becalmed fishing-boat or a single dinghy sailing too close, the turmoil of battle seems far in the past. Yet other, more recent turmoils have left echoes along Léman's shores. Here are the turrets and gables of the white-painted Domaine Impérial at Gland—now a smart golf club—where the Empress Zita took refuge after the collapse of the Austro-Hungarian Empire at the end of the Great War. What a peaceful haven it must have appeared as her world tumbled into ruin.

The boat docks with a bump at Rolle and, as the day is clear, I can disembark and climb up to Mont-sur-Rolle to see the entire crescent of the lake, now an intense, almost Mediterranean blue, laid out below. It is a sobering thought that this panorama is the result of millions of years of melted snow-waters pouring down from the Rhône glacier, scouring out the largest lake in central Europe.

The formation of the lake coincided with the arrival in the area of the first homo erectus, so that man and lake have always been inextricably linked. How insignificant our self-satisfied modern civilisation appears beside such longevity.

It is tempting to remain up on the heights, the 'balcony of the Léman,' to wander between vineyards and the villages and districts whose names we know from labels on the wine bottles—Féchy, Tartegnin, Saint-Saphorin, Dézaley. But let us follow Byron, in pantheistic mood now:
All things are here of Him; from the black pines
...to the vines which slope his green path downward to the shore,
Where the bowed Waters meet him, and adore,
Kissing his feet with murmurs;

All very well, but this is also a sailors' lake, and sailors know how suddenly the waters can change from kissing and murmuring to storms and raging violence. Morges is the home of Pierre Fehlmann, who began by pitting his wits against the Léman and went on to become an ocean sailor and winner of a famous round-the-world race. Lake sailing, one of his crew members told me, can be more of a challenge than the sea. Waves are short and choppy and winds change rapidly, so quicker reactions are needed. A freshwater sailor has to 'learn' the lake as a lover learns the contours of his beloved—until every mood and tendency, quirk and caprice is known—and still remain alert for those unpredictabilities which add spice to any relationship. Reading the ripples, lying close to the surface, he communicates by feel and instinct. He learns to foresee and forestall the prevailing palette of winds: the disagreeable black bise, the rainbearing sudois, the flurry of local winds—the joran, vaudaire, môlan, bornan or morget, with their smaller offshoots, the morgeasson and vauderon.

On other days I have watched as storm clouds trace a dark streak on the far side of the lake, and ripples begin to ruffle the smooth surface. The dark streak widens, spreads towards La Côte, and flashing harbour lights call the small boats in to safety. Lightning is visible over the distant Alps, evoking the cataclysm described by Frankenstein:
"...the thunder burst with a terrific crash over my head. It was echoed from Salève, the Juras, and the Alps of Savoy; vivid flashes of lightning dazzled my eyes, illuminating the lake, making it appear like a vast sheet of fire."

There have been storms in plenty, and shipwrecks too, over the centuries, and the carcasses of many boats have settled too deep to be recovered—even a World War II bomber lies somewhere underwater at the eastern end of the lake.

Later, as the storm expends itself, light breaks through angry clouds, and rainwashed outlines are sharply defined as the air clears. From Morges to Lutry one can walk twenty kilometres along the lake shore, through opulent Ouchy and the spread of Lausanne's suburbs, as water scintillates alongside in the contrasting light that is the storm's legacy.

On to Vevey, and the row of genteel old hotels, now a little faded from their former grandeur, which face the lake and dark mountains opposite. One half-expects to meet Anita Brookner's Mr. Neville and Edith, wearing her usual dowdy cardigan, emerging from the garden of the Hôtel du Lac. Did they wander along here, past the statue of Vevey's most famous inhabitant: a neat little man with familiar moustache and bowler hat? Charlie Chaplin looks as if he might be about to break into a dance—or maybe make some caustic joke about another sculpture facing him. The giant aluminium fork emerges from the waters of the lake, invariably crowned by a perching seagull, and visitors could be forgiven for feeling puzzled—nothing indicates, after all, that the fork is connected with the nearby Musée de l'Alimentation, devoted to the delights of the table.

There are days in autumn when one cannot see the opposite shore of the lake, as mist obscures the mountains and the horizon disappears altogether. Water merges into sky in a blur of grey tinged with lilac—a painting by Joseph Turner or one of the Impressionists, perhaps—or simply Le Lac by Ferdinand Hodler. Sometimes the veil lifts as the day wears on, as Shelley observed in the Hymn to Intellectual Beauty he was inspired to write during his stay:
The day becomes more solemn and serene
When noon is past—there is a harmony
In autumn, and a lustre in the sky.

Autumn around the lake rhymes with les vendanges. The harvest of grapes ripens in double sunshine—that from the sky together with those other rays mirrored upward from the lake. Age-old rituals dating back to forgotten beginnings are re-enacted, as in the once-every-now-and-then Fête des Vignerons de Vevey.

Jean-Jacques Rousseau described in La Nouvelle Héloïse the gathering of grapes in Clarens in which he participated. Observing the labour shared between bourgeois and peasants, a state of affairs which satisfied his idealistic social conscience, he wrote that "the sweet equality reigning here, restoring the natural order, is instruction for some, consolation for others, and a bond of friendship for us all."

Clarens was a much-favoured destination for many nineteenth-century visitors. It was there that an anguished Piotr Tchaikovsky tried to compose while recovering from the trials of his marriage. In 1879, he wrote of a walk down to the lakeside one cold January Sunday. "Total silence...Seagulls fluttered round me, describing arabesques and emitting their usual piercing cries. Not a soul in sight. The Dents du Midi and mountains of Savoie shimmered through a light haze. I became calm. I began to dream. And suddenly I felt in a state of perfect peace."

Standing sentinel over the end of the lake is its most-pictured monument, the Château de Chillon. (Albert Philippon has, however, managed to see it afresh.) The modern highway arching above it now mocks the power of the fortress to guard this strategic passage where the muddy Rhône spreads into the lake. But the thick walls and gloomy dungeons are enough to chill the spirit still, as we imagine the torment undergone by its prisoners. Byron imagined it, too:

Below the surface of the lake
The dark vault wherein we lay;
We heard it ripple night and day;
Sounding o'er our heads it knocked;
And I have felt the winter's spray
Wash through the bars when winds were high
And wanton in the happy sky;
And then the very rock hath rocked,
And I have felt it shake, unshocked,
Because I would have smiled to see
The death that would have set me free.

A little island with its single tree, the Ile de la Peilz, emerges from the waters nearby—a view of simple heaven as unattainable as freedom to the unfortunate prisoners in Chillon.

Those who have ventured below the water here tell how the chateau is built on a giant underwater cliff, from where the lake surface glows dark red at sunset and appears milky white in moonlight. The myriad crayfish just below the surface are attracted by light, but the huge ugly pike—sharks of the Léman, as they are known—prefer darkness in which to hunt their prey.

The landscape changes suddenly from slopes and mountains to the flatlands of the Little Camargue, and from the marshes come sounds of curlew and grey heron, kingfisher, crested grebe and all the other species which nest here undisturbed. It changes again just as suddenly as we turn back westward at Le Bouveret. The lakeside road narrows and the railway squeezes in beside it as mountains rear up in a sheer wall behind.

Saint-Gingolph, a village straddling Switzerland and France, has an international frontier right in the middle of the main street. The incongruity of it does not bother the local inhabitants, who cross the line backwards and forwards in a constant stream as they go about their daily business. It was here that the boat carrying Byron and Shelley, in the middle of a pilgrimage around the lake in homage to their literary heroes Rousseau, Voltaire and Gibbon, finally limped into port after nearly capsizing during a fierce storm. The inhabitants, Shelley wrote afterwards, were astonished that such a frail craft could have survived the tempest.

After Saint-Gingolph the landscape becomes wild and lonely, in sharp contrast to the cultivated coast opposite. The lake has become opaque and heavy as a spread of dark grey satin, reflecting the backdrop of sombre cliffs. But in a short space civilisation returns in simpler form—small villages, fishing-boats, shuttered houses with unkempt gardens. Then the cliffs fall back and hotels and grander houses jostle for position along the water's edge.

So this is France. Not so very different in appearance from the Swiss resorts opposite, the spa towns of Evian, Amphion and Thonon continue to offer leisurely pursuits of a bygone age: taking the waters and taking the air, while their casinos rake in money from those who indulge in that other, more addictive pastime— gambling. All along this lakeside the flowered and tree-shaded frontages have been preserved, mercifully hiding Thonon's spreading industrialisation. And in autumn, the walls of the castle—a reminder that this is the capital of the Chablais—flame golden-red with Virginia creeper.

In the prosaic light of morning, the magic may seem to have disappeared, but memory retains an image of the painted lake, and Albert Philippon's photographs have captured the fleeting colours in all their subtlety.

Further to the west, the lake narrows to the point where another fortress, the Château d'Yvoire, acts as lookout and guardian, towering above the houses huddled around it. Imagine how it felt to live in a fortified village, safe behind thick walls from marauding bands of soldiers or more determined invaders.

Beyond the village walls, along the shore all the way to Geneva, are more mansions: castellated, turretted, pillared or porticoed, Italianate or modern, no longer fortified but no doubt protected by modern security systems.

Here is another frontier, where the lake becomes Swiss once more at the entrance to the village of Hermance, attractive alike to artists, artisans and Sunday strollers. Some stand watching a party of divers as they disappear into the depths with tanks of precious air on their backs. Ducks bob alongside, incurious about the ungainly equipment needed by their imitators, and more interested in the crusts thrown by children seated on the wall.

And so full circle—if one can circle a crescent—back to Geneva, accompanied by a bevy of sailing-boats, a rainbow of coloured spinnakers ballooning and billowing like pregnant water goddesses as they make stately progress towards the finishing line. Was racing ever so dignified?

The Léman, with its changing moods and characteristic variety of light and shadow, has always attracted visitors: writers, historians, painters, musicians and naturalists—or just plain travellers, for whom it was an obligatory stop on the Grand Tour. It had a particular attraction for the Romantics, of whom none were more subject to its seductions than the English. Perhaps for them it was the ideal land in microcosm, an enchanted, terrestrial Elysium, containing all that they most admired: mountains and water, vineyards, castles, legends and history and, at the end of the day, sufficient civilised comfort in which to sit and reflect before passing on the fruit of their reflections.

Modern Léman has, however, its own magic—and I have a particular vision in mind. Driving from Hermance to Geneva at nightfall, there is a point where, leaving the village of Vésenaz, my spirits rise as the road descends a long slope to

Cet ouvrage de la collection Clair-Obscur,
réalisé par Albert Philippon Photographies Genève,
a été imprimé sur les presses
d'Edipresse Imprimeries Réunies Lausanne s.a.

Premier tirage: août 1996
Deuxième tirage: juillet 1999

La reliure est due aux soins
de Schumacher AG, Schmitten

N° d'éditeur 9700067
ISBN 2-9700067-1-5

Imprimé en Suisse